Der Kristallpfad

Heilende Energien und meditative Reisen

Amanda M Clarke

Koru Lifestylist

KORU (Maori; NZ) Ein Symbol für spirituelles
Wachstum und spirituelle Verbindung.

Kristalle der Chakren

Kronenchakra	Bergkristall
Drittes Auge-Chakra	Lapislazuli
Hals-Chakra	Amazonit
Herzchakra	Rosenquarz
Solarplexus-Chakra	Pyrit
Sakralchakra	Karneol
Wurzelchakra	Roter Jaspis

Copyright © 2024 von Koru Lifestylist

Alle Rechte vorbehalten. Alle Inhalte, Materialien und das geistige Eigentum in diesem Buch oder auf anderen Plattformen von Koru Lifestylist sind urheberrechtlich geschützt. Dies umfasst Texte, Bilder, Grafiken, Videos, Audio, Software und alle anderen Formen von Inhalten, die von Koru Lifestylist erstellt werden können.

Kein Teil dieses Inhalts darf ohne vorherige schriftliche Zustimmung von Koru Lifestylist in irgendeiner Form oder auf irgendeine Weise reproduziert, verbreitet oder übertragen werden. Dies bedeutet, dass Sie ohne die ausdrückliche schriftliche Zustimmung von Koru Lifestylist keinen der Inhalte dieses Buches für kommerzielle oder persönliche Zwecke kopieren, reproduzieren oder verwenden dürfen.

Die unbefugte Verwendung von urheberrechtlich geschütztem Material von Koru Lifestylist kann rechtliche Schritte gegen Sie nach sich ziehen. Koru Lifestylist behält sich das Recht vor, alle verfügbaren Rechtsmittel gegen Personen oder Unternehmen einzuleiten, die gegen das Urheberrecht verstoßen.

Zusammenfassend lässt sich sagen, dass Koru Lifestylist © 2024 die ausschließlichen Rechte an allen von ihm erstellten Inhalten besitzt und jede unbefugte Verwendung dieser Inhalte rechtliche Schritte nach sich zieht.

So verwenden Sie dieses Buch

Willkommen auf Ihrer Reise mit Kristallheilung und täglicher Anleitung. Dieses Buch soll Ihnen helfen, sich mit den heilenden Energien von Kristallen zu verbinden und Ihnen tägliche Erkenntnisse und Anleitungen zu geben. So machen Sie das Beste aus Ihrer Erfahrung:

Schritt 1: Die Energien des Buches reinigen
Bevor Sie beginnen, ist es wichtig, das Buch zu reinigen, um sicherzustellen, dass es frei von jeglicher Restenergie ist. Dies kann auf verschiedene Weise erfolgen:

Räuchern: Zünden Sie einen Salbei- oder Palo Santo-Stab an und wedeln Sie den Rauch sanft über das Buch.

Kristallreinigung: Legen Sie für einige Minuten einen Reinigungskristall, etwa Selenit oder Bergkristall, auf das Buch.

Ton: Verwenden Sie eine Klangschale, Glocke oder ein Glockenspiel, um eine Klangvibration rund um das Buch zu erzeugen.

Schritt 2: Rufen Sie die Geister oder Engel an
Um höhere Energien und Führung in Ihre Lektüre einzuladen, können Sie eine Beschwörung durchführen. Halten Sie das Buch in Ihren Händen, schließen Sie die Augen und sagen Sie:

„Geister und Engel, Führer des Lichts, ich rufe euch in dieser Nacht an.
Segne dieses Buch mit Liebe und Gnade. Hilf mir, meinen heiligen Ort zu finden.
Führe mein Herz und kläre meinen Geist, verwoben mit kristallklarer Weisheit.
So soll es sein."

Sie können den Zauberspruch gerne Ihren Überzeugungen und Absichten entsprechend ändern.

Schritt 3: Legen Sie Ihre Absicht fest oder stellen Sie eine Frage

Bevor Sie anfangen, die Seiten durchzublättern, nehmen Sie sich einen Moment Zeit, um Ihr Ziel festzulegen oder eine konkrete Frage zu stellen. Dies hilft Ihnen, Ihre Energie zu fokussieren und die Anleitung des Buches auf Ihre Bedürfnisse abzustimmen. Sie könnten sagen:

Meine Absicht für heute ist, Frieden und Klarheit zu finden." oder „Was muss ich wissen, um voller Zuversicht voranzukommen?"

Schritt 4: Wählen Sie Ihre Methode

Entscheiden Sie, wie Sie durch das Buch navigieren möchten. Sie können:

Blättern Sie durch die Seiten: Blättern Sie langsam vorwärts oder rückwärts durch das Buch, bis Sie einen intuitiven Anstoß verspüren, aufzuhören.

Verwenden Sie einen Zauberstab, ein Lesezeichen oder eine Feder: Schließen Sie die Augen und fahren Sie mit dem ausgewählten Objekt an den Seitenrändern entlang. Wenn Sie sich dazu geführt fühlen, halten Sie inne und öffnen Sie das Buch.

Nach dem Zufallsprinzip aufschlagen: Schlagen Sie das Buch einfach an einer beliebigen Stelle auf und vertrauen Sie darauf, dass sich die richtige Seite von selbst zeigt.

Schritt 5: Lesen und reflektieren

Wenn Sie auf einer Seite gelandet sind, lesen Sie die heilende Interpretation des Kristalls und die dazugehörige Meditation. Nehmen Sie sich Zeit, die Botschaft aufzunehmen und darüber nachzudenken, wie sie auf Ihre aktuelle Situation zutrifft.

Schritt 6: Meditieren Sie mit dem Kristall

Folgen Sie der kurzen Meditation auf der Seite, um sich mit der Energie des Kristalls zu verbinden. Halten Sie einen physischen Kristall, wenn Sie einen haben, oder stellen Sie sich einfach vor, wie die Energie des Kristalls Sie umhüllt. Lassen Sie sich ganz auf die Meditation ein und nehmen Sie die Heilung und Führung an, die sie bietet.

Schritt 7: Schreiben Sie Ihre Erfahrungen in ein Tagebuch

Nehmen Sie sich nach der Meditation ein paar Minuten Zeit, um Ihre Gedanken, Gefühle und gewonnenen Erkenntnisse aufzuschreiben. Dies hilft Ihnen, Ihr Verständnis zu vertiefen und Ihren Fortschritt im Laufe der Zeit zu verfolgen.

Auf der Rückseite dieses Buches finden Sie Tagebuchseiten.

Tipps für die tägliche Praxis

Beständigkeit: Machen Sie diese Übung zu einem Teil Ihrer täglichen Routine, sei es morgens, um den Ton für Ihren Tag anzugeben, oder abends, um nachzudenken und zu entspannen.

Offenheit: Gehen Sie mit offenem Herzen und Geist an jede Sitzung heran und seien Sie bereit, die Botschaft der Kristalle zu empfangen.

Dankbarkeit: Beenden Sie jede Sitzung mit einem Moment der Dankbarkeit für die Anleitung und Heilung, die Sie erhalten haben.

Dieses Buch ist ein wirkungsvolles Werkzeug für persönliches Wachstum und spirituelle Verbindung. Indem Sie seine Anleitung in Ihr tägliches Leben integrieren, können Sie Ihr Wohlbefinden steigern, Klarheit gewinnen und eine tiefere Verbindung mit den heilenden Energien der Kristalle aufbauen. Genießen Sie Ihre Reise und nehmen Sie die Weisheit an, die jeder Kristall bietet.

Ayla,

Wenn ich an dich denke, denke ich an Rosenquarz, den Stein der bedingungslosen Liebe.

Dieses Buch ist Ihnen gewidmet und ein Beweis für die Liebe und Freundlichkeit, die Sie bringen, und die Freude, die Sie mit allen teilen.

Mit anhaltender Liebe und Wertschätzung,

Die Antworten, die Sie suchen

Sind innerhalb

Amethyst

Heilende Energien

Amethyst ist für seine beruhigenden und reinigenden Eigenschaften bekannt und hilft, den Geist von negativen Gedanken zu befreien und das emotionale Gleichgewicht zu fördern. Es wird auch angenommen, dass er das spirituelle Bewusstsein und die Intuition stärkt.

Kristallmeditation

Setzen Sie sich mit dem Amethyst in der Hand an einen ruhigen Ort. Schließen Sie die Augen und atmen Sie tief durch. Stellen Sie sich ein violettes Licht vor, das den Kristall und Sie selbst umgibt.
Wiederholen Sie das Mantra,

„Ich bin ruhig, ich bin gereinigt, ich bin mit meinem höheren Selbst verbunden."

Spüren Sie, wie die Energie des Amethysts mit Ihrer eigenen verschmilzt.

Rosenquarz

Heilende Energien

Rosenquarz, der Stein der bedingungslosen Liebe, soll das Herzchakra öffnen und Liebe, Mitgefühl und Vergebung fördern. Er hilft, emotionale Wunden zu heilen und fördert Selbstliebe und inneren Frieden.

Kristallmeditation

Halten Sie den Rosenquarz nah an Ihr Herz. Schließen Sie die Augen und atmen Sie langsam und tief. Stellen Sie sich ein sanftes rosa Licht vor, das vom Kristall ausstrahlt und Ihr gesamtes Wesen umhüllt. Singen Sie die Bestätigung:
„Ich bin Liebe, ich bin Mitgefühl, ich vergebe und mir wird vergeben."
Spüren Sie, wie Wärme und Liebe Ihr Herz erfüllen.

Heilende Energien

Citrin ist als Stein des Überflusses und der Manifestation bekannt und soll Reichtum, Erfolg und Wohlstand anziehen. Außerdem fördert er Positivität, Kreativität und Selbstvertrauen.

Kristallmeditation

Platzieren Sie den Citrin vor sich und konzentrieren Sie sich darauf. Schließen Sie die Augen und atmen Sie ein paar Mal tief durch. Stellen Sie sich ein goldenes Licht vor, das vom Kristall ausgeht und Sie mit Wärme und Energie erfüllt. Wiederholen Sie die Bestätigung,

„Ich ziehe Fülle an, ich bin kreativ, ich bin selbstbewusst."

Lassen Sie zu, dass die Energie Ihr gesamtes Wesen erfüllt.

Bergkristall

Heilende Energien

Bergkristall wird oft als „Meisterheiler"
bezeichnet und soll Energie und
Gedanken sowie die Wirkung anderer
Kristalle verstärken. Er verbessert
Klarheit, Konzentration und
Ausgeglichenheit.

Kristallmeditation

Halten Sie den Bergkristall in Ihren
Händen und schließen Sie die Augen.
Atmen Sie tief durch und visualisieren Sie
ein helles weißes Licht, das den Kristall
und Sie selbst umgibt. Wiederholen Sie
das Mantra,

*„Ich bin klar, ich bin konzentriert,
ich bin ausgeglichen."*

Spüren Sie, wie die Energie des Kristalls
Ihre Absichten und Gedanken verstärkt.

Schwarz Turmalin

Heilende Energien

Schwarzer Turmalin ist für seine schützenden Eigenschaften bekannt und soll negative Energie abwehren und Erdung bieten. Er hilft auch, Angst und Stress zu reduzieren und vermittelt ein Gefühl der Ruhe und Sicherheit.

Kristallmeditation

Setzen Sie sich bequem hin und halten Sie den schwarzen Turmalin in Ihren Händen. Schließen Sie die Augen und atmen Sie tief und erdend. Stellen Sie sich einen Schild aus schwarzem Licht vor, der Sie umgibt und Sie vor negativen Energien schützt.
Singen Sie die Bestätigung:
„Ich bin geschützt, ich bin geerdet, ich bin sicher."
Spüren Sie die schützende Energie, die Sie umhüllt.

Lapislazuli

Heilende Energien

Lapislazuli ist ein Stein der Weisheit und Wahrheit. Man glaubt, dass er die intellektuellen Fähigkeiten steigert, den Wissensdurst anregt und die Kommunikation verbessert. Er hilft auch, innere Wahrheiten zu enthüllen und das Selbstbewusstsein zu fördern.

Kristallmeditation

Halten Sie den Lapislazuli an Ihre Stirn (drittes Auge) und schließen Sie die Augen. Atmen Sie tief ein und stellen Sie sich ein tiefblaues Licht vor, das vom Kristall ausstrahlt. Wiederholen Sie das Mantra,

„Ich bin weise, ich suche die Wahrheit, ich bin mir bewusst."
Spüren Sie die Energie, die Ihren Geist und Ihre Kommunikation verbessert.

Mondstein

Heilende Energien

Mondstein wird mit der göttlichen Weiblichkeit in Verbindung gebracht und soll Intuition, emotionales Gleichgewicht und inneres Wachstum fördern. Er soll auch auf Reisen, insbesondere nachts, Schutz bieten.

Kristallmeditation

Legen Sie den Mondstein auf Ihre Handfläche und schließen Sie die Augen. Atmen Sie langsam und tief ein. Stellen Sie sich ein sanftes, leuchtendes Mondlicht vor, das vom Kristall ausgeht und Sie mit Gelassenheit und Intuition erfüllt. Wiederholen Sie die Bestätigung,

„Ich bin intuitiv, ich bin ausgeglichen, ich wachse mit Anmut."

Spüren Sie, wie die sanfte Energie Sie beruhigt und leitet.

Heilende Energien

Karneol ist als Stein der Motivation und Ausdauer bekannt und soll Mut, Selbstvertrauen und Kreativität stärken. Er hilft, Aufschieberitis zu überwinden und verleiht dem Körper Vitalität und Energie.

Kristallmeditation

Halten Sie den Karneol in der Hand und schließen Sie die Augen. Atmen Sie tief durch und stellen Sie sich ein warmes, orangefarbenes Licht vor, das vom Kristall ausstrahlt. Wiederholen Sie das Mantra,

„Ich bin motiviert, ich bin selbstbewusst, ich bin kreativ."

Spüren Sie, wie die Energie Sie belebt und stärkt.

Selenit

Heilende Energien

Selenit ist für seine reinigenden und klärenden Eigenschaften bekannt. Man glaubt, dass es negative Energie beseitigt, geistige Klarheit fördert und die spirituelle Verbindung stärkt. Es wird auch zur Aurareinigung verwendet.

Kristallmeditation

Halten Sie den Selenit über Ihren Kopf und schließen Sie die Augen. Atmen Sie tief ein und stellen Sie sich ein reines, weißes Licht vor, das vom Kristall herabsteigt und Ihren Körper umhüllt. Wiederholen Sie die Bestätigung, *„Ich bin klar, ich bin rein, ich bin verbunden."*
Spüren Sie, wie die reinigende Energie über Sie hinwegströmt.

Aventurin

Heilende Energien

Aventurin gilt als Stein der Möglichkeiten und soll Glück, Wohlstand und Erfolg bringen. Er fördert außerdem emotionale Heilung, Ruhe und Wohlbefinden.

Kristallmeditation

Halten Sie den Aventurin in der Hand und schließen Sie die Augen. Atmen Sie tief durch und stellen Sie sich ein grünes Licht vor, das vom Kristall ausgeht. Wiederholen Sie das Mantra, *„Ich habe Glück, ich bin im Überfluss, ich bin ruhig."* Spüren Sie die Energie der Möglichkeiten und der Heilung, die Sie umgibt.

Tigerauge

Heilende Energien

Tigerauge ist für seine erdenden und schützenden Eigenschaften bekannt und soll Mut, Stärke und persönliche Kraft verleihen. Es hilft auch, Emotionen auszugleichen und geistige Klarheit zu fördern.

Kristallmeditation

Halten Sie das Tigerauge in Ihrer Hand und schließen Sie die Augen. Atmen Sie tief ein und stellen Sie sich ein goldbraunes Licht vor, das vom Kristall ausstrahlt. Wiederholen Sie die Bestätigung,

„Ich bin stark, ich bin mutig, *Ich bin ausgeglichen."*

Spüren Sie, wie die erdende und stärkende Energie Sie erfüllt.

Hematit

Heilende Energien

Hämatit ist für seine erdenden und ausgleichenden Eigenschaften bekannt. Man glaubt, dass er negative Energie absorbiert, Stress reduziert und geistige Klarheit und Konzentration fördert. Er stärkt auch das Selbstvertrauen und die Willenskraft.

Kristallmeditation

Halten Sie den Hämatit in Ihrer Hand und schließen Sie die Augen. Atmen Sie tief durch und stellen Sie sich ein dunkles, metallisches Licht vor, das den Kristall umgibt. Wiederholen Sie das Mantra,

„Ich bin geerdet, ich bin konzentriert, ich bin zuversichtlich."

Spüren Sie, wie die erdende und ausgleichende Energie Sie stabilisiert.

Amazonit

Heilende Energien

Amazonit ist als Stein der Wahrheit und des Mutes bekannt und soll die Kommunikation verbessern, negative Energie vertreiben und das emotionale Gleichgewicht fördern. Er hilft auch, Ängste zu lindern und den Geist zu beruhigen.

Kristallmeditation

Halten Sie den Amazonit nah an Ihren Hals und schließen Sie die Augen. Atmen Sie tief ein und stellen Sie sich ein türkisfarbenes Licht vor, das vom Kristall ausstrahlt. Wiederholen Sie die Bestätigung,

„Ich spreche meine Wahrheit, ich bin mutig, ich bin ausgeglichen."
Spüren Sie, wie die beruhigende und stärkende Energie Sie erfüllt.

Fluorit

Heilende Energien

Fluorit ist für seine schützenden und stabilisierenden Eigenschaften bekannt und soll negative Energie absorbieren und neutralisieren, die geistige Klarheit steigern und die Konzentration fördern. Es hilft auch, Emotionen auszugleichen und die Entscheidungsfindung zu verbessern.

Kristallmeditation

Halten Sie den Fluorit in der Hand und schließen Sie die Augen. Atmen Sie tief durch und stellen Sie sich einen Regenbogen aus Licht vor, der vom Kristall ausgeht. Wiederholen Sie das Mantra,

„Ich bin geschützt, ich bin konzentriert, ich bin ausgeglichen."

Spüren Sie, wie die stabilisierende und klärende Energie Sie umhüllt.

Labradorit

Heilende Energien

Labradorit gilt als Stein der Transformation und Magie und soll die Intuition stärken, vor negativer Energie schützen und spirituelles Wachstum fördern. Er hilft auch, verborgene Wahrheiten aufzudecken und übersinnliche Fähigkeiten zu wecken.

Kristallmeditation

Halten Sie den Labradorit in der Hand und schließen Sie die Augen. Atmen Sie tief durch und stellen Sie sich ein schimmerndes, schillerndes Licht vor, das den Kristall umgibt. Wiederholen Sie die Bestätigung,

„Ich bin verwandelt, ich bin intuitiv, ich bin geschützt."

Spüren Sie, wie die magische und transformierende Energie Sie erfüllt.

Pyrit

Heilende Energien

Pyrit gilt als Stein des Schutzes und des Überflusses und soll vor negativer Energie schützen, das körperliche Wohlbefinden fördern und Reichtum und Erfolg anziehen. Er stärkt außerdem Willenskraft und Selbstvertrauen.

Kristallmeditation

Halten Sie den Pyrit in der Hand und schließen Sie die Augen. Atmen Sie tief durch und stellen Sie sich ein goldenes Licht vor, das vom Kristall ausgeht. Wiederholen Sie das Mantra,
„Ich bin geschützt, ich habe Wohlstand, ich bin zuversichtlich."
Spüren Sie die schützende und stärkende Energie, die Sie umhüllt.

Granat

Heilende Energien

Granat ist für seine energetisierenden und revitalisierenden Eigenschaften bekannt und soll Vitalität, Leidenschaft und Kreativität steigern. Es fördert auch das emotionale Gleichgewicht und verbessert Beziehungen.

Kristallmeditation

Halten Sie den Granat in der Hand und schließen Sie die Augen. Atmen Sie tief ein und stellen Sie sich ein tiefrotes Licht vor, das vom Kristall ausstrahlt. Wiederholen Sie die Bestätigung,
„Ich bin voller Energie, ich bin leidenschaftlich, ich bin ausgeglichen."
Spüren Sie, wie die revitalisierende und ausgleichende Energie Sie erfüllt.

Türkis

Heilende Energien

Türkis ist für seine heilenden und schützenden Eigenschaften bekannt und soll die Kommunikation verbessern, das emotionale Gleichgewicht fördern und vor negativer Energie schützen. Es hilft auch, Angst und Stress zu lindern.

Kristallmeditation

Halten Sie den Türkis in der Hand und schließen Sie die Augen. Atmen Sie tief durch und stellen Sie sich ein leuchtendes blaues Licht vor, das den Kristall umgibt. Wiederholen Sie das Mantra,
„Ich bin geheilt, ich bin geschützt, ich bin ruhig."
Spüren Sie die wohltuende und schützende Energie, die Sie umhüllt.

Malachit

Heilende Energien

Malachit ist als Stein der Transformation und des Schutzes bekannt und soll negative Energie absorbieren, emotionale Heilung fördern und spirituelles Wachstum steigern. Er hilft auch, Stimmungsschwankungen auszugleichen und Stress abzubauen.

Kristallmeditation

Halten Sie den Malachit in der Hand und schließen Sie die Augen. Atmen Sie tief durch und stellen Sie sich ein tiefgrünes Licht vor, das vom Kristall ausgeht. Wiederholen Sie die Bestätigung,

„Ich bin verwandelt, ich bin geheilt, ich bin beschützt."

Spüren Sie, wie die transformierende und schützende Energie Sie erfüllt.

Rauchquarz

Heilende Energien

Rauchquarz ist für seine erdenden und schützenden Eigenschaften bekannt und soll negative Energie absorbieren, emotionale Ruhe fördern und die Konzentration verbessern. Er hilft auch, Stress und Angstzustände zu lindern.

Kristallmeditation

Halten Sie den Rauchquarz in der Hand und schließen Sie die Augen. Atmen Sie tief durch und stellen Sie sich ein rauchiges Licht vor, das den Kristall umgibt. Wiederholen Sie das Mantra, *„Ich bin geerdet, ich bin ruhig, ich bin geschützt."*
Spüren Sie, wie die erdende und beruhigende Energie Sie stabilisiert.

Rhodonit

Heilende Energien

Rhodonit ist für seine emotional heilenden und ausgleichenden Eigenschaften bekannt und soll Liebe, Mitgefühl und Vergebung fördern. Es hilft, emotionale Wunden zu heilen und stärkt das Selbstvertrauen und Selbstwertgefühl.

Kristallmeditation

Halten Sie den Rhodonit in der Hand und schließen Sie die Augen. Atmen Sie tief ein und stellen Sie sich vor, wie ein rosa und schwarzes Licht vom Kristall ausstrahlt. Wiederholen Sie die Bestätigung,

„Ich bin geheilt, ich liebe, ich bin zuversichtlich."

Spüren Sie, wie die heilende und ausgleichende Energie Sie umhüllt.

Ausfahrt

Heilende Energien

Jade ist für seine schützenden und heilenden Eigenschaften bekannt und soll Glück, Überfluss und Wohlstand bringen. Es fördert auch emotionales Gleichgewicht, Harmonie und Wohlbefinden.

Kristallmeditation

Halten Sie den Jadestein in der Hand und schließen Sie die Augen. Atmen Sie tief durch und visualisieren Sie ein grünes Licht, das den Kristall umgibt. Wiederholen Sie das Mantra,
„Ich habe Glück, ich bin im Überfluss, ich bin ausgeglichen."
Spüren Sie, wie die schützende und heilende Energie Sie erfüllt.

Obsidian

Heilende Energien

Obsidian ist für seine schützenden und erdenden Eigenschaften bekannt und soll vor negativer Energie schützen, emotionale Heilung fördern und Klarheit und Wahrheit verbessern. Er hilft auch, negative Muster loszulassen und persönliches Wachstum zu fördern.

Kristallmeditation

Halten Sie den Obsidian in der Hand und schließen Sie die Augen. Atmen Sie tief durch und stellen Sie sich vor, wie ein schwarzes Licht vom Kristall ausgeht. Wiederholen Sie die Bestätigung.

„Ich bin geschützt, ich bin klar, ich wachse."

Spüren Sie die schützende und erdende Energie, die Sie stabilisiert.

Blauer Spitzenachat

Heilende Energien

Der Blaue Spitzenachat ist für seine beruhigenden und lindernden Eigenschaften bekannt und soll die Kommunikation fördern, Ängste reduzieren und die emotionale Heilung unterstützen. Er hilft auch, den Geist zu beruhigen und Gelassenheit zu fördern.

Kristallmeditation

Halten Sie den blauen Spitzenachat nah an Ihren Hals und schließen Sie die Augen. Atmen Sie tief durch und stellen Sie sich ein sanftes blaues Licht vor, das vom Kristall ausstrahlt. Wiederholen Sie das Mantra,

„Ich bin ruhig, ich kommuniziere problemlos, ich bin in Frieden."

Spüren Sie, wie die wohltuende und entspannende Energie Sie erfüllt.

Howlith

Heilende Energien

Howlith ist für seine beruhigenden und lindernden Eigenschaften bekannt und soll Stress, Angst und Wut reduzieren. Es fördert auch Geduld, emotionale Heilung und ein Gefühl des inneren Friedens.

Kristallmeditation

Halten Sie den Howlith in der Hand und schließen Sie die Augen. Atmen Sie tief ein und stellen Sie sich ein weißes Licht mit grauen Streifen vor, das den Kristall umgibt. Wiederholen Sie die Bestätigung,

„Ich bin ruhig, ich bin geduldig, ich bin in Frieden."

Spüren Sie, wie die beruhigende und wohltuende Energie Sie umhüllt.

Chrysokoll

Heilende Energien

Chrysokoll ist für seine beruhigenden und ausgleichenden Eigenschaften bekannt und soll die Kommunikation, emotionale Heilung und innere Stärke fördern. Es hilft auch, Stress und Angstzustände zu reduzieren.

Kristallmeditation

Halten Sie den Chrysokoll in der Hand und schließen Sie die Augen. Atmen Sie tief durch und stellen Sie sich vor, wie ein türkisfarbenes und grünes Licht vom Kristall ausstrahlt. Wiederholen Sie das Mantra:

„Ich bin ruhig, ich bin stark, ich kommuniziere mit Leichtigkeit."

Spüren Sie, wie die beruhigende und ausgleichende Energie Sie erfüllt.

Lepidolith

Heilende Energien

Lepidolith ist für seine beruhigenden und stabilisierenden Eigenschaften bekannt und soll Stress, Angst und Depressionen reduzieren. Es fördert auch emotionales Gleichgewicht, Ruhe und ein Gefühl des Wohlbefindens.

Kristallmeditation

Halten Sie den Lepidolith in der Hand und schließen Sie die Augen. Atmen Sie tief durch und stellen Sie sich ein lavendelfarbenes Licht vor, das den Kristall umgibt. Wiederholen Sie die Bestätigung,

„Ich bin ruhig, ich bin ausgeglichen, ich bin im Frieden."

Spüren Sie die beruhigende und stabilisierende Energie, die Sie umhüllt.

Angelit

Heilende Energien

Angelit ist für seine beruhigenden und lindernden Eigenschaften bekannt und soll spirituelles Bewusstsein, die Kommunikation mit Engeln und emotionale Heilung fördern. Es hilft auch, Stress und Angst zu reduzieren.

Kristallmeditation

Halten Sie den Angelit in Ihrer Hand und schließen Sie die Augen. Atmen Sie tief durch und stellen Sie sich ein sanftes blaues Licht vor, das vom Kristall ausstrahlt. Wiederholen Sie das Mantra, *„Ich bin ruhig, ich bin verbunden, ich bin in Frieden."* Spüren Sie, wie die wohltuende und entspannende Energie Sie erfüllt.

Blutstein

Heilende Energien

Blutstein ist für seine erdenden und schützenden Eigenschaften bekannt und soll Mut, Kraft und Vitalität stärken. Er fördert auch das emotionale Gleichgewicht, reduziert Stress und steigert das allgemeine Wohlbefinden.

Kristallmeditation

Halten Sie den Blutstein in der Hand und schließen Sie die Augen. Atmen Sie tief ein und stellen Sie sich ein tiefgrünes und rotes Licht vor, das den Kristall umgibt. Wiederholen Sie die Bestätigung,
„Ich bin stark, ich bin mutig, ich bin ausgeglichen."
Spüren Sie, wie die erdende und schützende Energie Sie erfüllt.

Kyanit

Heilende Energien

Kyanit ist für seine beruhigenden und ausgleichenden Eigenschaften bekannt und soll die Kommunikation verbessern, emotionale Heilung fördern und vor negativer Energie schützen. Es hilft auch, die Chakren auszurichten und spirituelles Wachstum zu fördern.

Kristallmeditation

Halten Sie den Kyanit in der Hand und schließen Sie die Augen. Atmen Sie tief durch und stellen Sie sich vor, wie ein blaues Licht vom Kristall ausstrahlt. Wiederholen Sie das Mantra,
„Ich bin ruhig, ich kommuniziere problemlos, ich bin im Einklang."
Spüren Sie, wie die beruhigende und ausgleichende Energie Sie erfüllt.

Sonnenstein

Heilende Energien

Sonnenstein ist für seine energetisierenden und erhebenden Eigenschaften bekannt und soll Freude, Positivität und Selbstvertrauen fördern. Er hilft auch, Stress abzubauen, die Vitalität zu steigern und Fülle anzuziehen.

Kristallmeditation

Halten Sie den Sonnenstein in der Hand und schließen Sie die Augen. Atmen Sie tief durch und stellen Sie sich ein helles, goldenes Licht vor, das den Kristall umgibt. Wiederholen Sie die Bestätigung,

„Ich bin fröhlich, ich bin positiv, ich bin zuversichtlich."

Spüren Sie, wie die belebende und erhebende Energie Sie erfüllt.

Schungit

Heilende Energien

Schungit ist für seine schützenden und reinigenden Eigenschaften bekannt und soll negative Energie absorbieren, Stress reduzieren und das körperliche und emotionale Wohlbefinden fördern. Es hilft auch, den Körper zu entgiften und die allgemeine Gesundheit zu verbessern.

Kristallmeditation

Halten Sie den Schungit in der Hand und schließen Sie die Augen. Atmen Sie tief durch und stellen Sie sich ein dunkles, schützendes Licht vor, das den Kristall umgibt. Wiederholen Sie das Mantra:

„Ich bin geschützt, ich bin gereinigt, ich bin gesund."

Spüren Sie die schützende und reinigende Energie, die Sie umhüllt.

Apatit

Heilende Energien

Apatit ist für seine motivierenden und inspirierenden Eigenschaften bekannt und soll Kreativität, Intellekt und persönliches Wachstum fördern. Es hilft auch, Stress abzubauen und das emotionale Gleichgewicht zu fördern.

Kristallmeditation

Halten Sie den Apatit in der Hand und schließen Sie die Augen. Atmen Sie tief durch und stellen Sie sich ein blaugrünes Licht vor, das vom Kristall ausstrahlt. Wiederholen Sie die Bestätigung,

„Ich bin inspiriert, ich bin kreativ, ich bin ausgeglichen."

Spüren Sie, wie die motivierende und inspirierende Energie Sie erfüllt.

Heilende Energien

Azurit ist für seine spirituellen und intellektuellen Eigenschaften bekannt und soll die Intuition stärken, die geistige Klarheit fördern und die Kreativität anregen. Es hilft auch, Stress abzubauen und die emotionale Heilung zu fördern.

Kristallmeditation

Halten Sie den Azurit in der Hand und schließen Sie die Augen. Atmen Sie tief durch und visualisieren Sie ein tiefblaues Licht, das den Kristall umgibt. Wiederholen Sie das Mantra,

„Ich bin intuitiv, ich bin klar, ich bin kreativ."

Spüren Sie, wie Sie von spiritueller und intellektueller Energie erfüllt werden.

Moldavit

Heilende Energien

Moldavit ist für seine transformativen und spirituellen Eigenschaften bekannt und soll das spirituelle Wachstum fördern, emotionale Heilung unterstützen und vor negativer Energie schützen. Es hilft auch, psychische Fähigkeiten zu wecken und das persönliche Wachstum zu fördern.

Kristallmeditation

Halten Sie den Moldavit in der Hand und schließen Sie die Augen. Atmen Sie tief durch und stellen Sie sich vor, wie ein grünes Licht vom Kristall ausstrahlt. Wiederholen Sie die Bestätigung, *„Ich bin verwandelt, ich bin geheilt, ich bin beschützt."*
Spüren Sie, wie die transformierende und spirituelle Energie Sie erfüllt.

Rhodochrosit

Heilende Energien

Rhodochrosit ist für seine emotional heilenden und ausgleichenden Eigenschaften bekannt und soll Liebe, Mitgefühl und Vergebung fördern. Es hilft auch, emotionale Wunden zu heilen und Selbstliebe und Selbstwertgefühl zu fördern.

Kristallmeditation

Halten Sie den Rhodochrosit in Ihrer Hand und schließen Sie die Augen. Atmen Sie tief durch und stellen Sie sich ein rosa und weißes Licht vor, das den Kristall umgibt. Wiederholen Sie das Mantra,

„Ich werde geliebt, ich bin mitfühlend, ich bin geheilt."

Spüren Sie, wie die emotional heilende und ausgleichende Energie Sie erfüllt.

Onyx

Heilende Energien

Onyx ist für seine schützenden und erdenden Eigenschaften bekannt und soll negative Energie absorbieren, emotionale Stabilität fördern und die Selbstkontrolle verbessern. Es hilft auch, Stress abzubauen und die körperliche Stärke zu fördern.

Kristallmeditation

Halten Sie den Onyx in der Hand und schließen Sie die Augen. Atmen Sie tief durch und stellen Sie sich ein schwarzes Licht vor, das den Kristall umgibt. Wiederholen Sie die Bestätigung,

„Ich bin geschützt, ich bin geerdet, ich bin stark."

Spüren Sie die schützende und erdende Energie, die Sie stabilisiert.

Coelestin

Heilende Energien

Coelestin ist für seine beruhigenden und lindernden Eigenschaften bekannt und soll spirituelles Bewusstsein, die Kommunikation mit Engeln und emotionale Heilung fördern. Es hilft auch, Stress und Angst zu reduzieren.

Kristallmeditation

Halten Sie den Coelestin in der Hand und schließen Sie die Augen. Atmen Sie tief durch und stellen Sie sich ein sanftes blaues Licht vor, das vom Kristall ausstrahlt. Wiederholen Sie das Mantra, *„Ich bin ruhig, ich bin verbunden, ich bin in Frieden."*
Spüren Sie, wie die wohltuende und entspannende Energie Sie erfüllt.

Garnierit

Heilende Energien

Garnierit ist für seine transformativen und herzöffnenden Eigenschaften bekannt und soll die emotionale Heilung fördern, Liebe und Fülle anziehen und spirituelles Wachstum fördern. Es hilft auch, Stress abzubauen und das Wohlbefinden zu fördern.

Kristallmeditation

Halten Sie den Garnierit in der Hand und schließen Sie die Augen. Atmen Sie tief durch und stellen Sie sich ein grünes und gelbes Licht vor, das den Kristall umgibt. Wiederholen Sie die Bestätigung,

„Ich bin verwandelt, ich werde geliebt, ich bin im Überfluss vorhanden."

Spüren Sie, wie die transformierende und herzöffnende Energie Sie erfüllt.

Grüner Aventurin

Heilende Energien

Grüner Aventurin ist für seine heilenden und ausgleichenden Eigenschaften bekannt und soll Glück, Wohlstand und Erfolg bringen. Er fördert auch emotionale Heilung, Ruhe und Wohlbefinden.

Kristallmeditation

Halten Sie den grünen Aventurin in der Hand und schließen Sie die Augen. Atmen Sie tief durch und stellen Sie sich ein grünes Licht vor, das den Kristall umgibt. Wiederholen Sie das Mantra, *„Ich habe Glück, es geht mir gut, ich bin geheilt."*
Spüren Sie, wie die heilende und ausgleichende Energie Sie erfüllt.

Roter Jaspis

Heilende Energien

Jaspis ist für seine erdenden und pflegenden Eigenschaften bekannt und soll Stabilität, Schutz und emotionales Gleichgewicht bieten. Er hilft auch, Stress abzubauen, die Entspannung zu fördern und das allgemeine Wohlbefinden zu steigern.

Kristallmeditation

Halten Sie den Jaspis in der Hand und schließen Sie die Augen. Atmen Sie tief durch und stellen Sie sich ein warmes, erdiges Licht vor, das den Kristall umgibt. Wiederholen Sie die Bestätigung,

„Ich bin geerdet, ich bin geschützt, ich bin ausgeglichen."

Spüren Sie, wie die erdende und nährende Energie Sie stabilisiert.

Aquamarin

Heilende Energien

Aquamarin ist für seine beruhigenden und lindernden Eigenschaften bekannt und soll die Kommunikation fördern, Stress reduzieren und die emotionale Heilung unterstützen. Es hilft auch, den Geist zu beruhigen und Ruhe zu fördern.

Kristallmeditation

Halten Sie den Aquamarin in der Hand und schließen Sie die Augen. Atmen Sie tief durch und stellen Sie sich ein sanftes blaugrünes Licht vor, das vom Kristall ausstrahlt. Wiederholen Sie das Mantra, *„Ich bin ruhig, ich kommuniziere problemlos, ich bin in Frieden."* Spüren Sie, wie die beruhigende und wohltuende Energie Sie erfüllt.

Smaragd

Heilende Energien

Smaragd ist für seine heilenden und herzöffnenden Eigenschaften bekannt und soll Liebe, Mitgefühl und Vergebung fördern. Er hilft auch, emotionale Wunden zu heilen, Fülle anzuziehen und spirituelles Wachstum zu fördern.

Kristallmeditation

Halten Sie den Smaragd in der Hand und schließen Sie die Augen. Atmen Sie tief durch und stellen Sie sich ein leuchtendes grünes Licht vor, das den Kristall umgibt. Wiederholen Sie die Bestätigung,

„Ich werde geliebt, ich bin mitfühlend, ich bin geheilt."

Spüren Sie, wie die heilende und herzöffnende Energie Sie erfüllt.

Kunzit

Heilende Energien

Kunzit ist für seine herzöffnenden und beruhigenden Eigenschaften bekannt und soll Liebe, Mitgefühl und emotionale Heilung fördern. Es hilft auch, Stress abzubauen, den Geist zu beruhigen und das spirituelle Bewusstsein zu steigern.

Kristallmeditation

Halten Sie den Kunzit in der Hand und schließen Sie die Augen. Atmen Sie tief durch und stellen Sie sich ein sanftes rosa und lavendelfarbenes Licht vor, das vom Kristall ausstrahlt. Wiederholen Sie das Mantra,

„Ich werde geliebt, ich bin ruhig, ich bin geheilt."

Spüren Sie, wie die herzöffnende und beruhigende Energie Sie erfüllt.

Peridot

Heilende Energien

Peridot ist für seine reinigenden und heilenden Eigenschaften bekannt und soll das emotionale Gleichgewicht fördern, Stress reduzieren und das allgemeine Wohlbefinden steigern. Es hilft auch, Fülle anzuziehen und vor negativer Energie zu schützen.

Kristallmeditation

Halten Sie den Peridot in der Hand und schließen Sie die Augen. Atmen Sie tief durch und stellen Sie sich ein hellgrünes Licht vor, das den Kristall umgibt. Wiederholen Sie die Bestätigung,

„Ich bin gereinigt, ich bin ausgeglichen, ich bin im Überfluss."

Spüren Sie, wie die reinigende und heilende Energie Sie erfüllt.

Topas
Heilende Energien

Topas ist für seine energetisierenden und inspirierenden Eigenschaften bekannt und soll die Kreativität steigern, das emotionale Gleichgewicht fördern und Wohlstand anziehen. Er hilft auch, Stress abzubauen, die Vitalität zu steigern und das allgemeine Wohlbefinden zu fördern.

Kristallmeditation

Halten Sie den Topas in der Hand und schließen Sie die Augen. Atmen Sie tief durch und stellen Sie sich vor, wie ein goldenes Licht vom Kristall ausstrahlt. Wiederholen Sie das Mantra,
„Ich bin inspiriert, ich bin kreativ, ich bin reich."
Spüren Sie, wie Sie von der anregenden und inspirierenden Energie erfüllt werden.

Unakit

Heilende Energien

Unakit ist für seine heilenden und ausgleichenden Eigenschaften bekannt und soll die emotionale Heilung fördern, Stress reduzieren und das allgemeine Wohlbefinden steigern. Es hilft auch, Liebe und Fülle anzuziehen.

Kristallmeditation

Halten Sie den Unakit in der Hand und schließen Sie die Augen. Atmen Sie tief durch und stellen Sie sich ein grünes und rosa Licht vor, das den Kristall umgibt. Wiederholen Sie die Bestätigung,
„Ich bin geheilt, ich bin ausgeglichen,
Ich bin im Überfluss vorhanden."
Spüren Sie, wie die heilende und ausgleichende Energie Sie erfüllt.

Saphir

Heilende Energien

Der Saphir ist als Stein der Weisheit und des Königshauses bekannt. Es wird angenommen, dass er die geistige Klarheit, den Fokus und die Selbstdisziplin stärkt, was ihn zu einem mächtigen Verbündeten für diejenigen macht, die ihre Ziele erreichen wollen. Der Saphir wird auch mit Schutz in Verbindung gebracht, bringt spirituelle Einsicht und hilft, den Geist zu beruhigen.

Kristallmeditation

Setze dich bequem hin, mit dem Saphir in der Hand oder auf deinem Dritten Auge platziert. Schließe die Augen und nimm tiefe, beruhigende Atemzüge. Visualisiere ein tiefblaues Licht, das vom Saphir ausgeht. Wiederhole die Affirmation:

"Ich bin klar, fokussiert und weise."

Spüre, wie die Energie des Saphirs deine geistige Klarheit und spirituelle Einsicht verstärkt.

Larimar

Heilende Energien

Larimar ist für seine beruhigenden und lindernden Eigenschaften bekannt und soll die emotionale Heilung fördern, Stress reduzieren und die Kommunikation verbessern. Es hilft auch, den Geist zu beruhigen und Ruhe zu fördern.

Kristallmeditation

Halten Sie den Larimar in der Hand und schließen Sie die Augen. Atmen Sie tief ein und stellen Sie sich ein sanftes blaues Licht vor, das vom Kristall ausstrahlt. Wiederholen Sie das Mantra, *„Ich bin ruhig, ich kommuniziere problemlos, ich bin in Frieden."* Spüren Sie, wie die beruhigende und wohltuende Energie Sie erfüllt.

Tansanit

Heilende Energien

Tansanit ist für seine transformativen und spirituellen Eigenschaften bekannt und soll das spirituelle Wachstum fördern, emotionale Heilung unterstützen und vor negativer Energie schützen. Er hilft auch, psychische Fähigkeiten zu wecken und das persönliche Wachstum zu fördern.

Kristallmeditation

Halten Sie den Tansanit in Ihrer Hand und schließen Sie die Augen. Atmen Sie tief durch und stellen Sie sich ein violettes und blaues Licht vor, das den Kristall umgibt. Wiederholen Sie das Mantra,

„Ich bin verwandelt, ich bin geheilt, ich bin beschützt."

Spüren Sie, wie die transformierende und spirituelle Energie Sie erfüllt.

Ametrin

Heilende Energien

Ametrin ist für seine ausgleichenden und heilenden Eigenschaften bekannt und soll das emotionale Gleichgewicht fördern, Stress reduzieren und das allgemeine Wohlbefinden steigern. Es hilft auch, Fülle anzuziehen und persönliches Wachstum zu fördern.

Kristallmeditation

Halten Sie den Ametrin in der Hand und schließen Sie die Augen. Atmen Sie tief ein und stellen Sie sich ein violettes und gelbes Licht vor, das den Kristall umgibt. Wiederholen Sie die Bestätigung,

„Ich bin ausgeglichen, ich bin geheilt, ich bin im Überfluss."

Spüren Sie, wie die ausgleichende und heilende Energie Sie erfüllt.

Morganit

Heilende Energien

Morganit ist für seine herzöffnenden und beruhigenden Eigenschaften bekannt und soll Liebe, Mitgefühl und emotionale Heilung fördern. Es hilft auch, Stress abzubauen, den Geist zu beruhigen und das spirituelle Bewusstsein zu steigern.

Kristallmeditation

Halten Sie den Morganit in der Hand und schließen Sie die Augen. Atmen Sie tief durch und stellen Sie sich ein sanftes rosa Licht vor, das vom Kristall ausstrahlt. Wiederholen Sie das Mantra,

„Ich werde geliebt, ich bin ruhig, ich bin geheilt."

Spüren Sie, wie die herzöffnende und beruhigende Energie Sie erfüllt.

Sodalith

Heilende Energien

Sodalith ist für seine beruhigenden und ausgleichenden Eigenschaften bekannt und soll die Kommunikation verbessern, emotionale Heilung fördern und vor negativer Energie schützen. Es hilft auch, die Chakren auszurichten und spirituelles Wachstum zu fördern.

Kristallmeditation

Halten Sie den Sodalith in der Hand und schließen Sie die Augen. Atmen Sie tief ein und stellen Sie sich ein blaues und weißes Licht vor, das den Kristall umgibt. Wiederholen Sie die Bestätigung, *„Ich bin ruhig, ich kommuniziere problemlos, ich bin ausgeglichen."* Spüren Sie, wie die beruhigende und ausgleichende Energie Sie erfüllt.

Sugilit

Heilende Energien

Sugilith ist für seine spirituellen und heilenden Eigenschaften bekannt und soll das spirituelle Wachstum fördern, die Intuition verbessern und vor negativer Energie schützen. Es hilft auch, Stress abzubauen und die emotionale Heilung zu fördern.

Kristallmeditation

Halten Sie den Sugilith in der Hand und schließen Sie die Augen. Atmen Sie tief durch und stellen Sie sich ein violettes Licht vor, das vom Kristall ausstrahlt. Wiederholen Sie das Mantra,
„Ich bin intuitiv, ich bin geschützt, ich bin geheilt."
Spüren Sie, wie die spirituelle und heilende Energie Sie erfüllt.

Prehnit

Heilende Energien

Prehnit ist für seine heilenden und schützenden Eigenschaften bekannt und soll das emotionale Gleichgewicht fördern, Stress reduzieren und das allgemeine Wohlbefinden steigern. Es hilft auch, Fülle anzuziehen und vor negativer Energie zu schützen.

Kristallmeditation

Halten Sie den Prehnit in der Hand und schließen Sie die Augen. Atmen Sie tief durch und stellen Sie sich ein grünes und weißes Licht vor, das den Kristall umgibt. Wiederholen Sie die Bestätigung,

„Ich bin geheilt, ich bin ausgeglichen, ich bin geschützt."

Spüren Sie, wie die heilende und schützende Energie Sie erfüllt.

Kristall-reflexionen

Kristallreflexionen ...

Kristallreflexionen ...

Kristallreflexionen ...

Kristallreflexionen ...

Kristallreflexionen ...

Kristallreflexionen ...

Kristallreflexionen ...

Kristallreflexionen …

Kristallreflexionen ...

Kristallreflexionen ...

Kristallreflexionen ...

Kristallreflexionen ...

Kristallreflexionen ...

Kristallreflexionen ...

Kristallreflexionen ...

Kristallreflexionen ...

Kristallreflexionen ...

Kristallreflexionen ...

Kristallreflexionen ...

Kristallreflexionen ...

Kristallreflexionen ...

Kristallreflexionen ...

Kristallreflexionen ...

Kristallreflexionen ...

Kristallreflexionen ...

Kristallreflexionen ...

Kristallreflexionen ...

Kristallreflexionen ...

Kristallreflexionen ...

Kristallreflexionen ...

Kristallreflexionen ...

Kristallreflexionen ...

Kristallreflexionen ...

Kristallreflexionen …

Kristallreflexionen ...

Kristallreflexionen ...

Kristallreflexionen ...

Kristallreflexionen ...

Kristallreflexionen ...

Kristallreflexionen ...

Kristallreflexionen ...

Kristallreflexionen …

Kristallreflexionen ...

Kristallreflexionen ...

Kristallreflexionen ...

Kristallreflexionen ...

Kristallreflexionen ...

Kristallreflexionen ...

Kristallreflexionen ...

Kristallreflexionen ...

Kristallreflexionen ...

Kristallreflexionen ...

Die Reihe „Daily Guidance" bietet einen innovativen Ansatz, um spirituelle Weisheit und praktische Ratschläge zu finden. Jedes Buch der Reihe ist ein einzigartiges Werkzeug für die tägliche Selbstbetrachtung und Entscheidungsfindung. Die Leser werden aufgefordert, über eine Frage zu meditieren oder allgemeine Anleitung für den Tag zu suchen und dann eine beliebige Seite im Buch aufzuschlagen. Die Seite, auf der sie landen, enthält eine personalisierte Botschaft aus verschiedenen spirituellen Quellen wie Engeln, Tarot oder Geistertieren. Mit jeder umgeblätterten Seite liefern diese Bücher aufschlussreiche, positive Botschaften und Mantras, die zu persönlichem Wachstum inspirieren und Klarheit über die täglichen Herausforderungen und Entscheidungen des Lebens schaffen.

Andere Bücher dieser Reihe: -
Die Engelsorakel Tägliche Engel-Tarot-Lesung
Mystisches Tarot-Katzenorakel des Tarots
Enthüllte Katzenschwingungen Geistertier-Orakel
Antworten von den Orakeln Botschaften von den Engeln

Mehr zu den Bücherregalen unter
www.korupublishing.com

Mehr zu den Bücherregalen unter
www.korupublishing.com

www.ingramcontent.com/pod-product-compliance
Lightning Source LLC
Chambersburg PA
CBHW061736070526
44585CB00024B/2692